verso
para outro
sentido

Copyright do texto e das imagens © 2010 Felipe Stefani
Copyright da edição © 2010 Escrituras Editora

Todos os direitos desta edição reservados à
Escrituras Editora e Distribuidora de Livros Ltda.
Rua Maestro Callia, 123 – Vila Mariana – São Paulo, SP – 04012-100
Tel.: (11) 5904-4499 / Fax: (11) 5904-4495
www.escrituras.com.br
escrituras@escrituras.com.br

Diretor editorial
Raimundo Gadelha

Coordenação editorial
Mariana Cardoso

Assistente editorial
Ravi Macario

Revisão
Alexandre Teotonio
Jonas Pinheiro

Imagem da capa
As faces do mundo, de Felipe Stefani

Projeto gráfico e editoração eletrônica
Renan Glaser

Impressão
Graphium

Dados Internacionais de Catalogação na Publicação (CIP)
(Câmara Brasileira do Livro, SP, Brasil)

Stefani, Felipe
　　Verso para outro sentido/Felipe Stefani. –
São Paulo: Escrituras Editora, 2010.

ISBN 978-85-7531-364-0

1. Poesia brasileira I. Título.

10-09160　　　　　　　　　　　　　　　　　　　　CDD-869.91

Índices para catálogo sistemático:
1. Poesia: Literatura brasileira　　　　　　　　　　869.91

Impresso no Brasil　　　　　　　　Obra em conformidade com o Acordo
Printed in Brazil　　　　　　　　Ortográfico da Língua Portuguesa

Felipe Stefani

verso
para outro
sentido

escrituras

Escrituras, 2010

Para meu bisavô Celestino Lagua

> "Il voyait trop – Et voir est un aveuglement".
> **Tristan Corbière**

> "qui seminat verbum seminat".
> **Marcos, 4:14**

> "Em busca da origem
> Pelo presumido
> Labirinto virgem…".
> **Bruno Tolentino**

> "Heard melodies are sweet, but those unheard
> Are sweeter; therefore, ye soft pipes, play on;
> Not to the sensual ear, but, more endear'd,
> Pipe to the spirit ditties of no tone…'.
> **John Keats**

> "Rueda la nube por debajo del sueño
> y allí acomete nuevos reinos
> de apenas pronunciada melodia".
> **José Lezama Lima**

Prefácio ao Leitor Navegante

Iniciando pelo título, "Verso para Outro Sentido" revela-se, a um só tempo, simples e instigante, na medida em que nos leva a indagar: "Que outro sentido? Como seria este outro sentido?"

Um possível "outro sentido" ou "outros sentidos" destes versos talvez esteja ligado ao seu caráter simbólico, ao efeito sonoro de cada palavra por si mesma e em seu contexto, às belezas expressas ou ocultas, apenas sugeridas, num diálogo aberto com a imaginação do leitor.

Analisando mais detidamente a linguagem, vemos que a frequente repetição de termos como: "tempo, corpo, música, mundo, sonho, noite, silêncio, dança, mar, acorde", entre outros, revela uma linguagem extremamente simbólica, com versos e metáforas que surpreendem não apenas pela beleza, mas também pela mescla de simplicidade e hermetismo, mistério e clareza, luz e sombra, criando, em última análise, um universo contraditório e mítico, capaz de unir o transcendente e o cotidiano, a vida e o sonho.

Ao contrário do que diz seu verso: "Sou traidor de um mundo antigo", o poeta busca em mundos antigos grande parte de suas imagens, trilhando caminhos ligados à tradição e, por vezes, caminhos experimentais. Acreditando no tempo e na palavra, tece seu mundo: "Centenas de mundos construídos / e sonhados". E neste mundo ou mundos poéticos, há um sentido de busca e perplexidade diante de um certo viver contraditório, que raras vezes alcança o sonho, mas, ainda assim, é belo. A poesia, nesse sentido, pode ser vista como uma espécie de redenção contra os absurdos da existência, instrumento integrador do poeta no mundo e em si mesmo. E no mistério da linguagem, a cada poema deste livro, vamos mergulhando em um universo onde as palavras parecem buscar seu sentido, ou força, primordial, sem nunca se distanciar por completo do lirismo.

Alguns temas revelam-se ao longo do volume, como a infância, a arte, o desamparo, o mar e a ideia de Deus. Outro aspecto marcante é a mescla da simplicidade: "Ele anda com pé torto, / a roupa é velha / como céu de outono" com o hermetismo: "Pois a música se apossa da ébria lentidão do meu engano.", "a cidade tem uma cegueira acelerada.", entre outros, o que, além de instigar, confere um encanto peculiar à obra.

Ainda no domínio do "instigante", há vários versos que terminam no ponto de interrogação, ampliando, ainda mais, o diálogo com a imaginação do leitor.

Em suma, leitor navegante, este violino do mito, do mar e do tempo abre suas melodias luminosas, telas ébrias da memória em corpo de indagações fecundas. Com palavras, "canta as estações abertamente", decifra e confunde as belezas, desnuda as contradições de seu mundo mágico, tecendo, assim, sua pequena odisseia.

Odisseia ou escultura abstrata e musical do mundo.

Escultura de inúmeros sentidos.

André Setti
Poeta e tradutor

Sumário

Malabarismos Juvenis	10
Introspecto	12
Crianças	13
Aurora, Acordarás na Música	15
Círculo Místico	16
Onde fica essa morada	18
Fábula	19
O Carpinteiro	21
Mundo Antigo	22
Caminhando em uma cidade europeia	24
Jovens Espartanas	25
Cidade cheia de brumas	28
Oração	29
Oratio	30
Poema Místico	32
Dança Primordial	34
Acorde Noturno	36
Adágio	38
Como operário no alfabeto das horas	39
Construção	40
Mendicância	42
Nessas noites secas	43
Canção Embriagada	44
Canção do Outono	46
Naufrágio	48
A Catedral Submersa	49
Abrindo os nomes dos satélites	50
Ébrio	52
Nascerá de um mestre	54
Os signos do silêncio	56
Canção	57
Crepúsculo	61
Noite	63
Lobos, madrugada	64

As letras da lua apagando a chuva	67
Poeta	68
Coletivo	70
Metrô	71
Estes óculos, meu filho	72
Beatitude	74
Pequena Crônica: Juventude	75
Posfácio	78
Sobre o autor	79

MALABARISMOS JUVENIS

Eu vi o escasso tempo de malabarismos juvenis
a estalar a seiva acidentada da tarde,
a aurora pura entrelaçada ao meu próprio sono,
nos instantes precários de um segredo vago.

Na oblíqua solidez dos corpos,
abre-se a rosa inicial sem nome, turva e casta,
impura como a brisa imaculada dos sonhos, da voz,
em uma espécie de chamado.

Eu vi o estrondo de uma gloriosa infância,
a alegria que em mim eram crianças cintilantes,
na tarde volúvel, onde o mar, em silêncio maior,
faz dos corpos uma presença errante.

Devo amar calado o triunfo crepuscular da juventude,
seus beijos ao mar e sua oferenda de mistérios,
na rosa oblíqua de um chamado puro,
na vastidão precária dos instantes.

Eu vi tudo isso e amei, sendo eu mesmo uma oferenda eclusa
aos mistérios juvenis, que desafiam os segredos do mar.

INTROSPECTO

Se eu colocasse o olhar,
pura ave de esquecimento,
percorrendo o exílio
como um grande talento,
o vício embebesse o mistério
no vão desta noite
(pelas trevas ferozes,
nos gestos sonoros do corpo),
com um lirismo carnalmente alquebrado,
incestuoso,
avançaria devorado
contra a muralha do meu assombro.
Com inóspito horror, brilharia dentro do ventre.

Invadiria meu próprio abismo exaltado
e em mim mesmo ficaria acordado,
profundamente.

Neste acorde me consumiria
até o último poema.

CRIANÇAS

Sempre que vejo crianças,
vejo-as correndo, movendo o tempo,
todas misturadas ao vento.
Sempre me aproximo, são quentes e velozes,
tão acostumadas aos meteoros,
dentro da cabeça, todas correndo
no tempo.

Lembro das horas tristes da infância,
a vela que queimava a escuridão.
Tive medo, o abismo do quarto,
tão negro, misturado no tempo.
Quando anunciavam o dia,
o leite quente com biscoito,
os meteoros para fora,
correndo, todos movendo a aurora.
Eu me lembro.

Sempre que vejo crianças,
vejo-as escritas por dentro.
Todas elásticas,
por dentro e por fora,
tão velozes que sinto medo,
repetindo minha voz primária
inúmeras vezes, até que me lembre
como mover o ar correndo.
Os meteoros na cabeça,
sempre que vejo crianças
absorvidas em seus córregos quentes,
onde movem a água,
voam e correm como meteoros.
Depois do leite, a risada,
como um templo,
brincava com meus avós.

O menino vendendo balas na praça
me faz dar rodopios por dentro,
meteóricos.
Contemplo-me num trabalho radioso,
carpindo as partes doces e ocultas
da memória,
no ar, no vento,
na respiração.
Busco uma criança
como um brusco cata-vento,
veloz, extrema
e anterior à noite.

As crianças se deitam com medo do silêncio.
Cada casa tem uma criança na imaginação.

AURORA, ACORDARÁS NA MÚSICA

Ele pairava sobre o crepúsculo,
no silêncio mais denso que a distância,
levava sua voz,
suspensa e morta como seus desejos,
aberta e casta como a música impura,
a dança do crepúsculo.

Ele chamava a uma brusca mutação,
sem pranto e sem silêncio,
na música da aurora,
na fonte do tempo.

Tu, que orbitarás as visões inabitadas,
que acordarás na música,
faça urdir nessa unção faminta
tua calma dança.

Pois são inabitados os bosques do desejo,
e ele era a tristeza,
o crepúsculo faminto
e seu próprio silêncio.

Pois a aurora é como uma colheita,
e o corpo aberto e puro
alcança a música.

CÍRCULO MÍSTICO

Todo homem tem uma beleza terrível
na órbita de seu abismo.
Ela alcança sua própria distância
e diz adeus.
Aqueles que a procurarem
nas horas que dançam
ouvirão anjos.

Ela dança num círculo místico,
nas correntezas que abrigam o mundo.
Aqueles que a alcançarem
ouvirão anjos.

Nunca mais amou os presságios,
os perigos do mar,
o medo.
Para além das margens ele morreria.
Esqueceu em si mesmo seus cantos profundos.

Todo homem tem uma dinastia
cravada em seu silêncio.
Aqueles que a alcançarem
ouvirão anjos.

ONDE FICA ESSA MORADA

Onde fica essa morada,
que, de tão longe e tão vasta,
vive dentro de nós?

A cidade se encheu de acordes.
Ouça o vento que oscila
contra os cristais atmosféricos,
a discrepância das paixões,
o tempo.
Já se foram as estações antigas.

Ele foi o último cantor
dos que alegravam nossos campos,
era o último do bando.
Ladrão de sonhos, amou a aurora.

E a cidade se encheu de acordes,
pouco restou, eu cantei os sonhos.
Ele foi o último dos saltimbancos,
os anjos já deixaram nossos campos,
já se foram as estações antigas.

Como um santo de olhos tristes,
um lavrador tece seu sono sob uma figueira.
Pouco restou, eu sou o cantor,
e os campos estão fecundos.

Onde fica essa morada,
que, de tão longe e tão vasta,
vive dentro de nós?

FÁBULA

Tinha as mãos fundamentais de um cantador.
Junto às casas,
às figueiras ao redor,
só o vento cantava.
As idades do corpo
velavam o sono.

Por que adormeces, velho cantador?
Dá-me o alaúde, tua harmonia,
tens o corpo atravessado pelo tempo.
As palavras dormem,
dormem as casas, tocadas por figueiras,
veladas pelo dom do teu silêncio.

Jovem peregrino, a música sem som
nunca arrefece, não me entristece
não conduzir a flauta ao silêncio.
O acorde mais raro não se escuta.

E os pássaros cantavam a idade do tempo,
velavam as figueiras.
Com a morte atravessada na voz,
dizia: peregrino,
a música sem tempo não se escuta,
se te lamentas, não tenho culpa.

Dormia atravessado por figueiras,
as casas velavam o silêncio,
os pássaros, ao redor, tocavam-lhe
as mãos fundamentais.

Cantador, de mãos atadas ao silêncio,
que fazes com esta morte
entrelaçada em teu tempo?

Eu cantava
sem conter as mutações.
Quão mais silentes, mais vastas as louvações
(tinha a voz fundamental dos pássaros).
Disse: eu cantava, a idade das figueiras
atravessou minha morte. Era cantador,
hoje cantam minha sorte.

O CARPINTEIRO
A Celestino Laguna

Não quis ser ninguém.
Almejei, nesta manhã de inverno,
ter nascido com o nome eterno.
Seguem-me, mas não me tocam
na hora mais remota.
Minha flauta é a flauta dos que sonham,
desconheço a ovelha que foge do rebanho.

Sou carpinteiro das montanhas antigas,
devo esquecer meu nome verdadeiro,
os montes são vastos e nunca os abandono.
Ouvi dizer das cidades onde é feita a ciência,
mas minha flauta é a flauta verdadeira,
de quem nada deseja de um nome
e dorme sob as figueiras,
e perde suas ovelhas.

MUNDO ANTIGO

Sou traidor de um mundo antigo,
disperso em buscar terras estranhas,
na idade de um olhar terrível, lírico,
que corrompe o puro sono do ar,
dos cânticos.

Louco na lírica desse olhar,
que já sorri nas falsas construções insones,
faço deuses que inundam a raiz do império,
resplandeço na manhã que incendeia o gesto,
amanheço no olhar desta paisagem
do alto das esferas do reino do ouro.

Sou traidor dos cânticos,
do mistério que trabalha o sexo,
a transformação estrangulada da flor,
exaltação febril e inconclusa,
bárbara, triste, a digladiar a musa.

Imagino encantos,
refaço o que não sei e danço.
Levo além das lutas a magia,
ergo além dos cegos o meu reino.
Ostento um pedestal etéreo.

CAMINHANDO EM UMA CIDADE EUROPEIA
A Pedro Sette Câmara

Caminhando
em uma cidade europeia,
certa vez contemplei,
surpreendido, a luz de um vitral.

Que formas irrestritas
buscava naquelas cores?
Como se o homem e a catedral
fossem de Deus a mesma partitura,

como se a arquitetura
seguisse a mesma geometria
de uma alvorada mítica,
e eu também seguia

a mesma dança,
tentando compreender o jogo,
o que a mente arquiteta,
mas nunca alcança,

como se o vidro recortado
buscasse o mesmo encaixe
na mão da obra primitiva,
que é maior, bem maior que a vida.

JOVENS ESPARTANAS

Jovens espartanas foram feitas de sedução.
Iluminadas, elas são a imagem da guerra.

Seu olhar fatal absorve a marcha,
o êxtase das bandeiras, das estações em fuga.
Liberta sonhos, violências
e as mais vastas invasões de um império.

Élan de prazer, delícia e concessão dos séculos,
seu movimento, inebriante constelação de silêncio,
o grito das lanças, sua sedução de sangue.

Que as tenhamos límpidas e inebriantes,
essas jovens feiticeiras das legislações guerreiras.
Elas são o poder e o encanto.
A coragem, essa louca rainha em fúria,
exposta aos céus e às luas que atravessam a guerra,
o impulso guerreiro, os corpos, que são vastos na espada,
devastam as cidades ao olhá-las de perto.

Todos os reinos e seus dias,
com sua inocência e cegueira,
com seus templos completos e perfeitos,
com suas cidades. Os reinos são o lírio do mundo.
Em sua chama e ruína, a dolorosa memória do tempo.
Os reinos são a imagem de um poema.

Na essência de sua paisagem, são todos um só guerreiro.
Em seu corpo de mulher,
são a dança e o véu das jovens que seduzem a guerra.

Nos seduzem a todos, essas jovens espartanas,
na dança de seus braços, na profusão dos encantos.

Dançam no ápice da paisagem,
com a doçura de seu talento,
mulheres e ninfas, deusas do gesto.

Dançam como uma flecha, são também loucas.
Seu toque jovem e brutal dentro da dança,
sonho sua delicadeza.
São mulheres e honram o templo, o império.

Que o tempo e os acordes nunca cessem de cantar a idade
pelas eras da pureza de seus corpos,
odor primeiro em seu dom de beleza.

Eram assim,
árduas e intactas,
pela expansão brutal de sua arte,
provocando a razão juvenil.

Corpos de soldados puramente cravados no brilho,
a energia pura do afã mais denso,
elas tocam em seu medo até que eles compreendam.
São mulheres e então são o mundo.
Elas são a imagem da guerra.

CIDADE CHEIA DE BRUMAS

Cidade cheia de brumas.
Salvai-nos, Jesus.
Não há tristeza nem alegria,
ou, em tudo, tristeza e alegria se proclamam.
Ninguém conhece outro caminho,
o ponto final é um caminhar sozinho
acompanhado de silêncio.
Ninguém nos seguirá.
O único caminho,
cidade cheia de brumas,
paira sobre as luas,
indefinidamente.

ORAÇÃO

É preciso o silêncio ao tecer impérios
nos campos musicais do corpo.
Assim de um templo os mistérios
são-nos concedidos num sopro,
sendo ouvidos como brisa à janela

do infinito. E, de repente, se desvela
a rosa lenta e paciente da vida.
A imensidão em um instante se revela
e se desfaz no tempo, imerecida,
no abismo onde o ouvido flama.

Só ouve a voz interior quem clama,
como um reino de si mesmo, para dentro
de si mesmo, qual uma chama
acesa, a iluminar o improvável centro
anterior, inatingível.

E mais adentro ainda,
o impossível.

ORATIO
A José de Maistre

Não sei dizer, Senhor, na infeliz morada
povoada de incerteza, no cárcere
recôndito e ilusório da vida,
um verso que absolva ou nos libere
as dúvidas de um coração naufragado.
Ou então, no irreal encarcerado
pela própria fraqueza e, desde sempre,
acorrentado nas entranhas da morte,
se devo desejar a fome, por entre
as sombras cegas, miseráveis, na sorte
de sofrer e ser recompensado

pela palma do infinito. Sei, Senhor,
que a palavra existe, entretanto,
é mais precisa se vertida em canto
(voltado ao irrestrito e cheio de louvor),
na voz de um cantor extremo, comedido,
pela certeza de cantar o indefinido
verbo da existência. Obstinadamente
busco essa palavra, na insistência
em ser o melodista, o prodígio que abriria,
com as harpas do ser, os limites da mente.
Errei, o que busquei não mereço,

pois meço a voz que nos medita eternamente
com as mãos pequenas do orgulho, onde emudeço.

POEMA MÍSTICO

Repentino,
na clareira vulcânica da idade,
concebi assim a leitura da memória:
de que tudo que desata, cresce e morre
tem um gesto,
um gesto de princípio.

Deveríamos chamar ritmo
tudo que nos torna exaltados.

Somos tentados a ver dentro do sonho,
assim nos recriamos do que nos causa escândalo,
nomeamos a noite, a tarde e a manhã dos tempos
como se fôssemos deuses.

Somos ritmo do sonho,
lembrando, vagando,
no fim de cada era,
causando escândalo.

Vede, as estrelas,
os frutos das figueiras,
o templo,
furiosamente serão lembrados.
Viveremos disso,
dando ao mundo
um nome de batismo.

Chamaremos inspiração
tudo que concentra,
avança e se enraíza.

Impérios definham.
Somos tentados a dizer que foi um sonho,
um sonho dentro do sonho,
se concebêssemos tal geometria.
Pois também se lavram as águas antigas.
Vede, as águas calmas
são também colhidas.

O sonho não é sonho,
a memória não é memória.

Há sempre um Deus a redizer a história.

DANÇA PRIMORDIAL

Quantas vezes vi a loucura me percorrer cegamente as entranhas?
Lavrando do fundo de um corpo sua flor brutal,
libertando
a dança desregrada que atravessa a voz,
recompondo
na noite o ouro intenso onde a lua faz ressaca.

Estou completo em minhas paisagens.

De uma vida inteira absorvo a marcha,
canto as estações abertamente,
tocando com o esquecimento as margens,
que se distanciam
e evocam
toda pureza de uma arte.

Quantas vezes essa loucura corrompeu o último enlace
do medo que se abre ao fim de cada feixe de encanto
no alimento obscuro,
colhido do apuro
das visões imensas?

Toda obra é terrível e sangra
na memória a sua imagem.

No auge insondável desse estrondo,
canto
em volta de uma dor,
o dorso se contorce,
no centro,
multiplicando o gesto,
um eco indefinido devora em travessia
centenas de mundos construídos
e sonhados.

Pois a música se apossa da ébria lentidão do meu engano.

ACORDE NOTURNO

O acorde da noite
mais uma vez tombou
sobre meu corpo migrante,
e, sendo a música a vastidão no instante,
deixei-me sonhar em volta dela.

Ela que me tocou na noite,
na correnteza de músicas estranhas,
como mar revolto entre as sombras dos naufrágios.

E navegamos,
sacrificando o mar, multiplicando as margens,
a infinita música dos presságios,
exilados nessa travessia,
onde somente as estrelas morrem por nós.

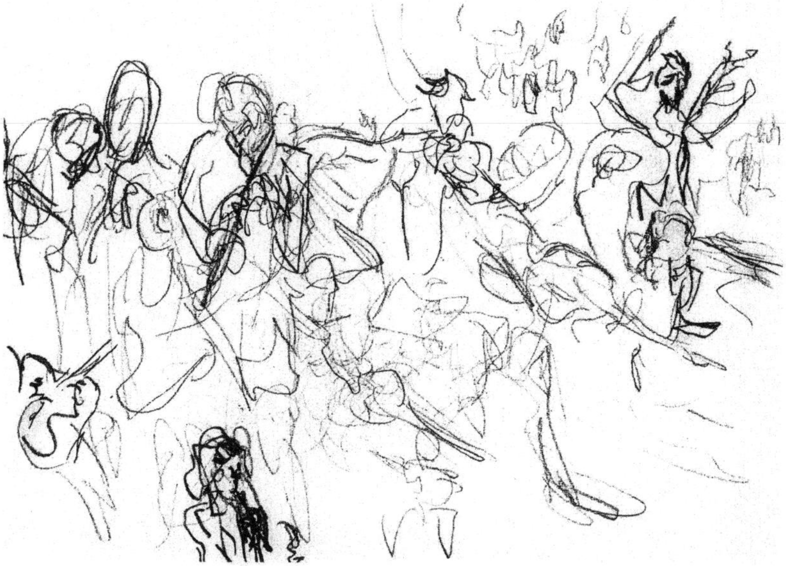

ADÁGIO
A Ortega y Gasset

Não tenho palavras santas
nem tristeza maior que o tempo,
tenho minhas circunstâncias
e as canções do vento.

COMO OPERÁRIO NO ALFABETO DAS HORAS

Como operário no alfabeto das horas,
cumpri o enorme grito do meu nome,
dentro das florestas extraordinárias
da inocência.
Após a cerimônia da manhã interior,
que nos queima as entranhas,
lancei-me faiscante para fora
dessa treva cheia de planetas espelhados.
Sobre a tarde, de repente, atravessando oceanos vivos,
estendiam-se platôs exteriores,
centros gravitacionais mais quentes que o abismo
do meu voo.

E teu sexo trilhava o coração e a raiz
desta noite sufocada de luz.

É isso o amor?
Uma prisão esplêndida.
No dentro e no fora da elegante
demência que naufraga,
sei que toca as partes vivas e a morte
do enlace, onde nasce a música.

E as estações nos moldam a chama
e a simetria,
até a luz além da luz da vida.

CONSTRUÇÃO

Sou, ao todo, apenas um.
Um outro retém meu gesto.
Em híbrido movimento,
componho ideias.

Permita-me ser honesto:
desconheço o caminho,
busco, ao avesso,
descalço, bem lento.

Muito longe, o impossível.
Desfaço caminhos
e danço.

Retenho a solidão na palma,
e o tempo, contra meus passos,
consome lembranças.

Em descompasso,
abismos me enlaçam,
renasço.

Depois,
os outros contam o que fiz.

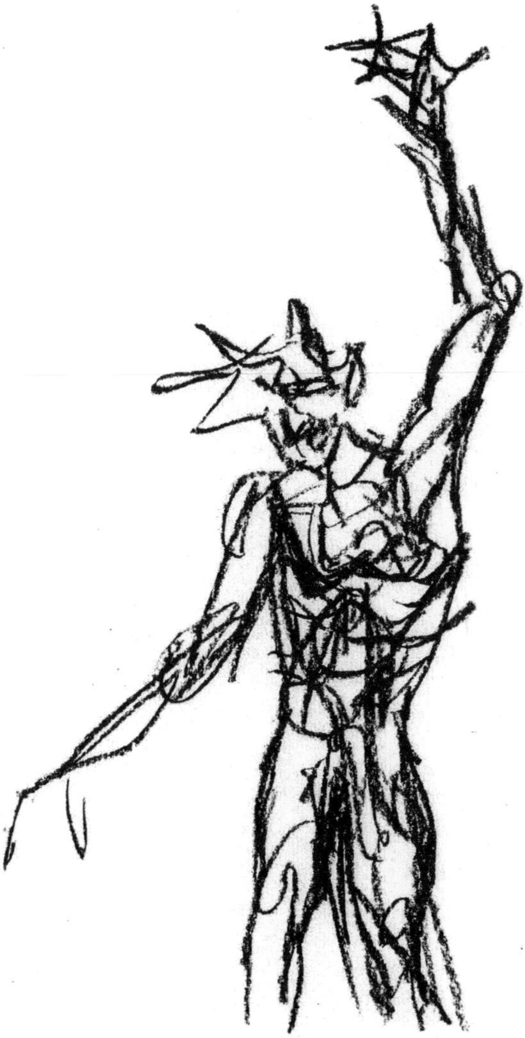

MENDICÂNCIA
A Tristan Corbière

Rua aberta,
um corpo sem rumo
me confunde a ideia.

Ele anda com pé torto,
a roupa é velha
como céu de outono.

Será possível
fazer dele minha obra?

Outro chega
e estende a mão.
Um troco,
a sorte.

Distrai a solidão num trago.
Pobre homem,
seu vulto é um teatro,

comédia inacabada.
Vem outro copo,
distraio-me.

O urubu vai deixando a tarde.

NESSAS NOITES SECAS
A Flávio Viegas Amoreira

Nessas noites secas
(onde não vislumbro um Deus)
sou do mar prisioneiro
quando me exilo contrário ao meu vulto
como num espelho
onde me respiro
na vertigem mareada do meu canto
distante do que inspiro
constante em me fazer negar
navegar contra uma música impossível
lapidada de uma rosa imersa
num profundo abismo escuro
sou do mar prisioneiro
e o mar tem um saber violento.

CANÇÃO EMBRIAGADA
A Paul Celan

Eles chegam com a garganta atravessada,
contando os corpos na noite.
Torcem entre as veias ferozes,
arrancam as pupilas,
e ninguém sai ganhando.
Eles chegam com a garganta incendiada,

crepitando
sobre o golfo rítmico do mundo.
Estrelas perdem acordes,
cada uma estagnou um mundo,
e ninguém dizia seu nome.

Os dedos manobravam na clareira das vértebras,
soldavam-nas,
incendiada a imagem de um rosto noturno,
quando chegavam com a carne atravessada.

Vi
os frutos contorcerem-se,
as válvulas sangrando,
a marca de um fogo vivo, as pupilas, os dedos,
as manobras na noite fechada,
exaltada cruelmente.

Eles vinham com a veia incendiada,
quando desata o pesado nó do mundo,
quando os frutos renascem na imensa memória.

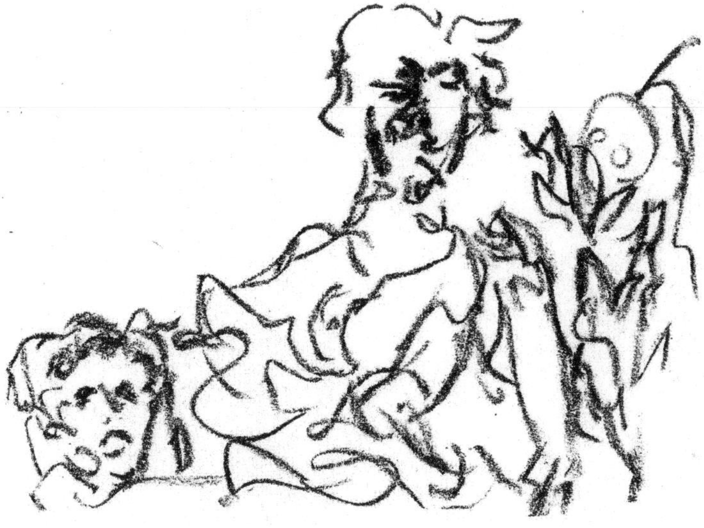

CANÇÃO DO OUTONO
A André Setti

O inesperado é que o outono encerre,
com seus prelúdios,
a música sonhada na distância das barcas.

As estações caminham e com elas o encanto,
com seu império,
cantando
a memória do mar,
a celebração sublime dos mistérios.

Colhendo a lentidão do sol,
setembro me trará mais um ano,
nos portos, nos acordes antigos,
e se possível cantarei seus frutos.

Mas o outono se encerra e é tão inesperado
esse amor pelo sol e o sorriso do tempo.
A voz do homem beijou a luz desse Deus imenso.

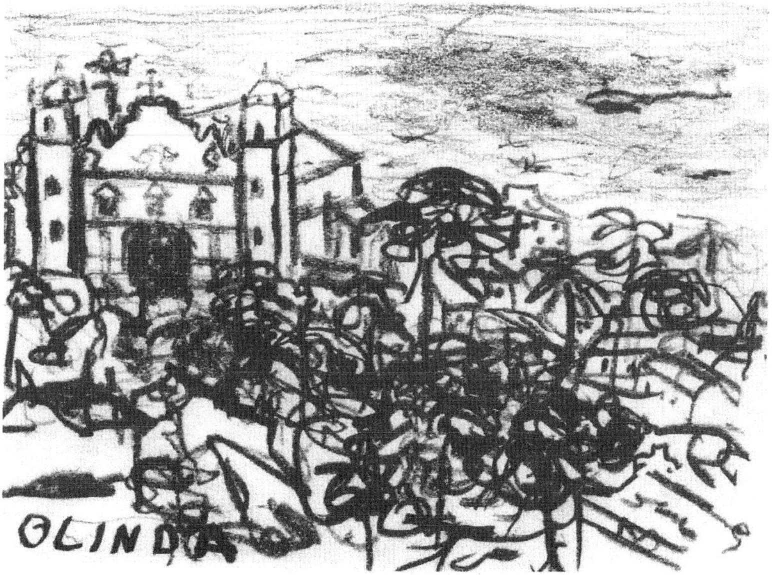
OLINDA

NAUFRÁGIO

Morrerei rompendo o mar,
sobre meus ossos recém-naufragados,
o silêncio brotará
como um azul de tom inconciliável.

Tão longe estarei
das pálpebras dormentes dos astros,
nesse último ato,
que nem o sol
indagará a idade do meu naufrágio,
meu último nome.

No reflexo de um instante indivisível,
ressoarei no itinerário das ondas,
e na simplicidade sem fins ou ternura,
já não serei nem espuma, nem barca,

e não estarei sonhando.

A CATEDRAL SUBMERSA
A Claude Debussy

De uma imprecisão sonora,
o arco de um pássaro
baila no ar da tarde.

Dos degraus de uma estética vasta,
a dança primordial de um poema,
na leveza que antecede a arte.

O poema emerge dessa amplidão migrante,
de um transbordar que navega
e busca em si mesmo o seu mar.

Trai o reino em silêncio
e reverbera em liberdade
o acaso do seu gesto.

ABRINDO OS NOMES DOS SATÉLITES

Abrindo os nomes dos satélites,
teus dedos domaram, recriaram
meu sonho. Com tua dança pela cidade,
teus dedos que abrem os nomes.
A metrópole
tem seu baile consumindo os satélites,
como que dentro do sonho, compondo.

Sei como escuto somente o silêncio que pensa,
obscuro, trazendo os mapas.
Agora uma grande boca chamada mundo
circula entre a memória e os astros.
Agora sei
como vou trazendo o que se escuta em teus dedos
de satélites.

Abrindo os nomes, abrem a dança.
A cidade – a cidade dentro do sonho
com teu nome.
Agora escuto entre a boca,
a grande boca e o silêncio somente.
Trazendo os satélites,
sangrando.

Geram movimentos
em tua vasta bicicleta – os satélites.

E se o vestígio de um sistema inspirado
perde a imobilidade no sonho,
os ciclistas da cidade
dizem: "a noite prende somente o tempo".
O segredo,
aquele silêncio obscuro que pensa os mapas,
como se, repentino, perdesse o tempo,

o grande tempo de tua bicicleta
que dança.

Aquele sistema obscuro pensando,
o sistema em teus dedos, nos satélites.
Como recriam os sonhos!
Dentro, dizem: "dentro de um sistema".
Em tua roda que pensa,
dentro, eu sei, os teus astros
imóveis,
sangrando.

ÉBRIO

a noite levou-me qual ébrio furacão dentro do sono a casa o perfume nada sabia do silêncio unânime levava o vinho a janela do quarto negro negro minha treva me chamava madame colocava gelo no copo ah caminho vegetal de tentações mesquinhas na manhã abri as asas na revolta de um insone o voo sobre a cidade a cidade a cidade a chaga imediata dos vícios deixei-a entorpecida pálpebra negra enquanto o sol faiscava uma loucura unânime migrei para as visões distantes a aurora e o beijo afundou-a até a doçura do sonho besta soberba no outro dia era um poeta

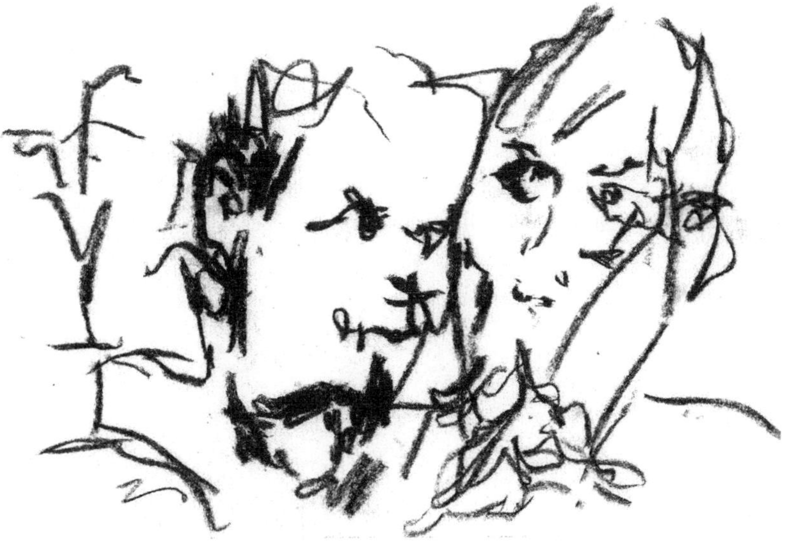

NASCERÁ DE UM MESTRE

para o peixe pouco importa o simbolismo das flautas

peixe negro dentro de um mestre

a árvore compreende o nome dentro da sombra o homem dentro

disse

não há caminho no meio do nome posso aventurar-me a perguntar as flautas da terra as flautas do céu o que nada significa disso o grande labrego explode no ar e seu nome é vento ainda não emergido da minha fonte onde as oliveiras choram amanhã nos espinhos oram e não sabem meus pés descalços os lírios sem a tristeza dos campos onde ninguém compreenderá os cantos escritos nas quedas da paisagem desse corpo dilacerado que estremece o silêncio contínuo

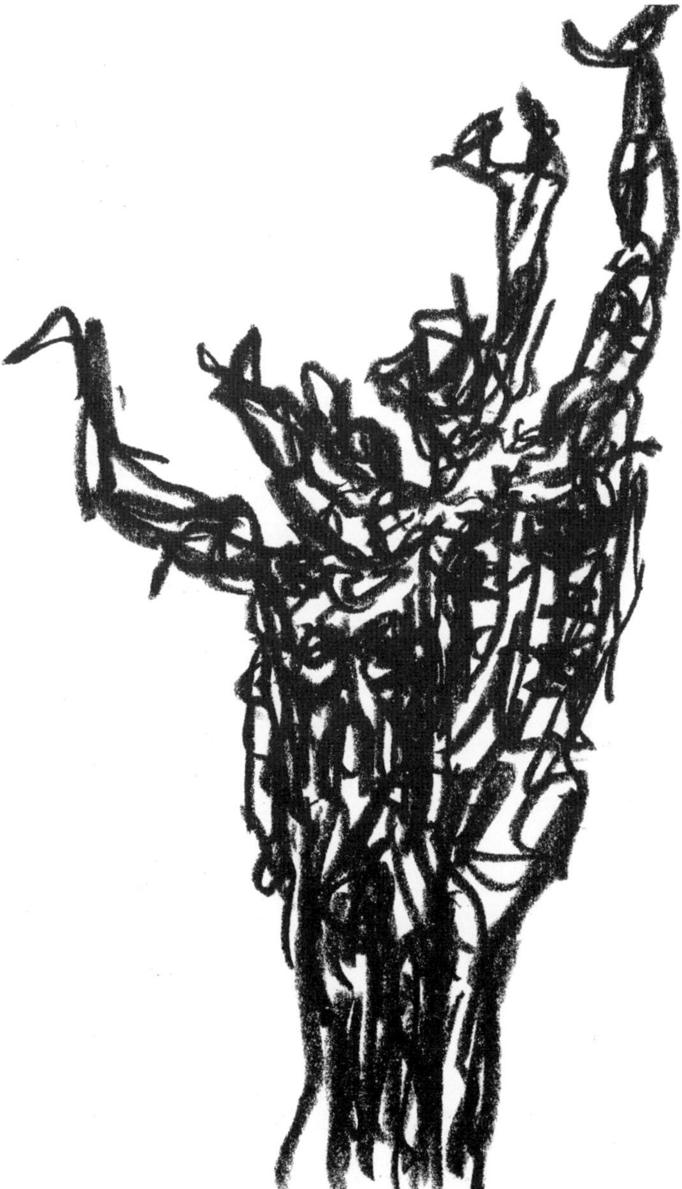

OS SIGNOS DO SILÊNCIO
A Marcelo Ariel

os signos do silêncio
remexem na fundura interior da primavera

escuta
apenas

pela luz
no sonho anterior dos mortos
a escuridão
por trás
outra escuridão

dentro da voz tudo está sonhando

não podes imaginar os sons primaveris
sem se destroçar inteiro

basta os ciclos
as fontes

nas noites sôfregas o céu se espelha em lâminas mudas
então pergunta-te
existo?
e se existo sou uma flor monstruosa

pois há nuvens que começam na ceifa

a árvore
o tempo

basta o toque da água nos subterrâneos

e recebe os mortos

a primavera

CANÇÃO

I

ao serem refletidas as vibrações
vê-se facilmente a alternância
as quatro estações a errância
das visões sucessivas

eis as conjunções da vida
do corpo do mundo e enfim a fábula

as pirâmides contemplam
o corpo ébrio do poeta

por isso água e fogo se completam
montanha e lago atuam convergindo

o caminho a tudo enlaça prosseguido
na harmonia contínua das luas que despertam
as liras que incitam o fogo em propensão

retorna a dança ao equilíbrio infinito

instrumento lapidar dos ciclos mutação na fonte do mito

"deitai em vós meu jugo" e a extrema unção
cavalga o dragão do céu infindo

e além

quem corrompe o pensamento percorre toda a extensão da escrita deste
arado pouco afeito a dança mas divino surgem loucas florações do caminho

compare a extensão dos sete mares com tudo o que há no mundo
compare o Reino do Meio com a imensidão marítima semelhante a um
grão no grande silo a criação tem dez mil fontes e o homem é uma delas

aquilo que passaram os cinco imperadores e os Três Reinos aquilo que
lamenta o homem honorário aquilo em que trabalha o homem prestativo
tudo nada mais é do que isso se algo não tem forma os números não
expressam a dimensão nos tempos antigos Yao abdicou em favor de
Shun e Shun reinou como imperador K'uai abdicou em favor de Chieh e
Chieh foi destruído T'ang e Wu lutaram e se tornaram reis o Duque Po
lutou e foi eliminado olhando para isto desse modo vemos que lutar ou
ceder comportar-se como Yao ou como Chieh pode ser nobre e elevado
mesquinho e restrito impossível entender o caminho é sem princípio
nem fim mas as coisas têm vida e morte as ideias e os números são da
mesma natureza e elevam-se a dez em tudo um rio imerso na contensão
do pensamento elaborava essa metáfora do meu corpo no mundo tudo e
pouco contido na expiração do afeto busca entreabrir o ato do silêncio
água e fogo na alternância do sentido desse reino de símbolos minha vasta
espiral adormecida pulsa nos remotos enlaces onde o tempo sonhado
abrange o tempo conhecido e dentro das palavras imenso caldeirão estou
multiplicado antes sou tocado na bela comunhão do sábio como uma
aurora explodindo mil unidades de ecos até as dez mil cítaras do afeto
"em uma volta completa esmaguei a grande vacuidade" esse sopro do
mestre corre cada labareda nas montanhas do meu abismo e sonho dentro
da errância da vida com meu nome no meio em restrito candelabro de
imitações os dias se espelham com o abraço da ternura elementar lhes
rasgando como um prisma e tornando o que ama mais exato e infinito

pois ele amou precisamente
como haviam previsto

mar

tempo

comunhão

nos ciclos

expressão

da morte

fugas de estações revisitadas sempre

renascimento

palavra sem palavra do enlace absoluto

estou disperso em minha cama
elaboro vasto mundo e corpo ama
a volúpia da fala e a fala a escrita
isso é tudo
o resto é sonho e o sonho imita
o silêncio profundo

II

da emanação

extremas florações convergem

CREPÚSCULO
I

Sou como os velhos peregrinos de Bizâncio
na anunciação das vastidões precárias
no ritmo dos enganos do corpo
nas batalhas

quem caminha entre o hino
e o sonho do império
tem toda dimensão da vida de um era
e se ergue o olhar as labaredas do anoitecer
(leve ofuscamento angular da eternidade)
vê refletida nos altares dos palácios
a majestade
não da vida
ou da rima
contida na ressurreição dos príncipes
mas do silêncio dentro de um grito

que escapa

e nos corteja

na mão da tecelã que se envaidece com o crepúsculo

o inefável labirinto absoluto está em tudo

resta o tempo a desfazer o próprio tempo

no mundo.

II

ser da vida

                                                        como a vida

antes

                      errante

NOITE

noite
constelações escassas
nas raízes de carnívoras povoações taciturnas
buracos ligados por dedos fulgurantes
contra as grutas do poder do sono lírico
os panos todos selvagens planos contorcidos
e não sentes o ar culminando à janela luminosa da loucura
a pulsar tua península crivando mortes e visões

o medo enfim
talvez a dança

LOBOS, MADRUGADA

Não te deites com a volúpia presa aos dentes,
se pretendes despertar os lobos.
Madrugada,
o uivo sonda teus ossos.
Alquimia não consiste em acalentar o orgulho.
Os lobos sabem farejar as sombras,
violetas e asteroides
não envolvem seus mundos.

Sutileza,
presa acidentada dos cálculos,
a cidade tem uma cegueira acelerada,
os lobos avançam,
teu quarto tem extremidades impossíveis.
A volúpia brota de ossos cegos,
onde a vida, com seus lábios violetas,
não penetra.

Tu, cadáver de ti mesma,
volúpia acidentada,
não penetres a alquimia com asteroides cegos.
Os lobos te envolvem, no lado mais sutil do orgulho.
Madrugada
tem acordes turvos.
Deitas-te à cama,
o edifício encravado na cidade
não supõe teus lobos extremos.
Com volúpia, não calcules a cegueira
sem supor teus uivos.

Brotam nas sombras,
brotam nas ruas,
em espaços turvos,
no sorriso das cifras.

Avançam a madrugada em que te deitas,
cadavérica.
Farejam e, ao farejar, te despertam,

tão inesperada quanto um asteroide.

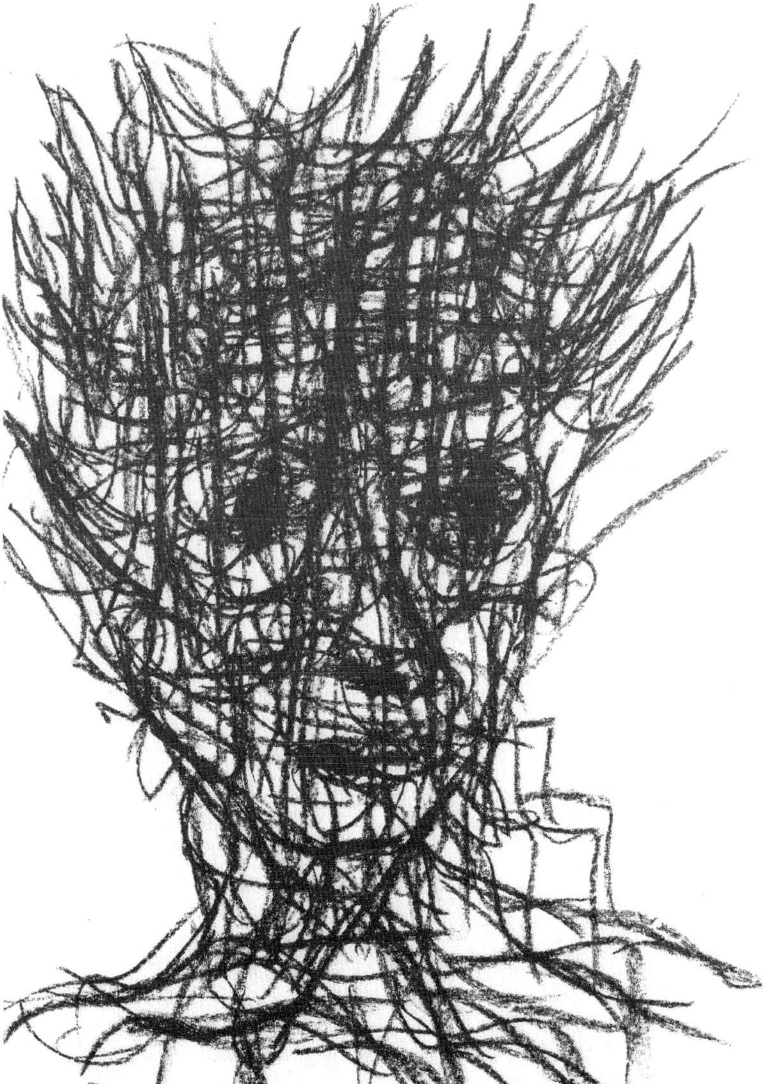

AS LETRAS DA LUA APAGANDO A CHUVA

As letras da lua apagando a chuva
(sei que, a dormir, ela cria uma clareira).
Com as letras encantadas
eu dormia.
Então a lua aflorava
as estrelas, em raízes vivas, vivas como as águas.
Chovia, e a cítara lunar batia na calçada,
onde os pés dormiam.

Lembro que a geada te entreabria,
acordada, repartida, abria as letras
enquanto passavas.
Lembro-te assim,
escutando as partes da geada,
onde as vozes das águas
batiam contra os passos.

Repentinas, abriam as letras do teu rosto.
Era o rosto que brilhava nas cítaras lunares,
como o corpo da música da geada,
dormindo nas águas.

Era como me lembro,
dormindo enquanto uma clareira te escutava,
a lua apagando os passos do vento,
teu nome ao lado das pedras molhadas
da calçada, aflorando as letras do esquecimento.

POETA

No verso estou vivo, estou sonhando.
Trabalho por dentro, nalgum lugar noturno,
visto do alto lembra um supremo silêncio.
Onde às vezes chegam os mortos
há noites esplendorosas.

Fixo na idade da treva,
para alguém que me queime contra as eras do meu grito,
alguém com mãos antigas,
ao longo de sons sempre espantosos.

Por vezes trago um Deus estremecido,
trago um mito por dentro.
Até alguém que me alcance do alto,
com as mãos quentes da noite
que se esgota nos mortos.

Tremo, escrevo, ardo, até fixar a treva.
A tristeza de Deus é um modo de ritmo.
Estou girando, em ilhas, quem me soletra
vem do alto e delira,
desde a distância até o fim do pensamento.

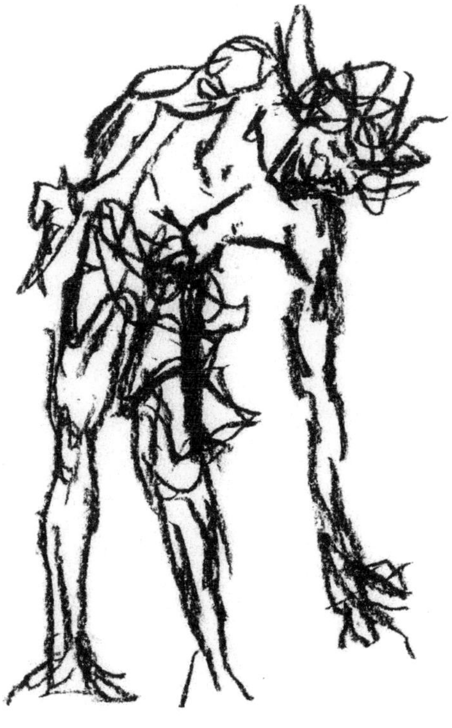

COLETIVO

Um a um
marca os segundos
o relógio da estação;
cultivo do engano,
latifúndio da razão.

Mas, na labuta diária, o arado
agilmente rompe
a raiz desse compasso,
e nós ficamos profundos,
meditando a cidade, que passa
pela janela do coletivo.

METRÔ

As vozes da engrenagem
calam sua imagem.
Somente os que sobrevivem
preenchem meu tempo.

O resto é rumor
que atormenta a coragem,
despertando, entre os ossos,
o tremor que habita
as formas cansadas dos corpos.

ESTES ÓCULOS, MEU FILHO

Estes óculos, meu filho,
não me fazem ver o infinito.
Estes aros cansados estão presos ao mundo,
presos à face.
Sou como um século envelhecido, meu filho,
circundado por ruas soturnas.

Fora-se o dia.
Com estes óculos,
tive perdida a verdadeira estrada.
Quando partires rumo a tua origem,
leva meus olhos,
que são os olhos matinais do teu princípio.

Cordas, arcos, liras
ressoam ao som dos mortos e dos vivos.
Jovens aos beijos, romarias sem fé,
fartas canções tenebrosas.
"Por mim se vai ao padecer das eras",
diz a harpa rouca das trevas.
Sou um velho século cansado,
nessa cidade irrespirável.

Se partires rumo a tua origem,
velhas escrituras deves navegar,
para que partas dentro de ti mesmo,
no abismo do teu nome de regresso.

Meus olhos são a lira do teu princípio, meu filho.
Tive perdida a verdadeira estrada.

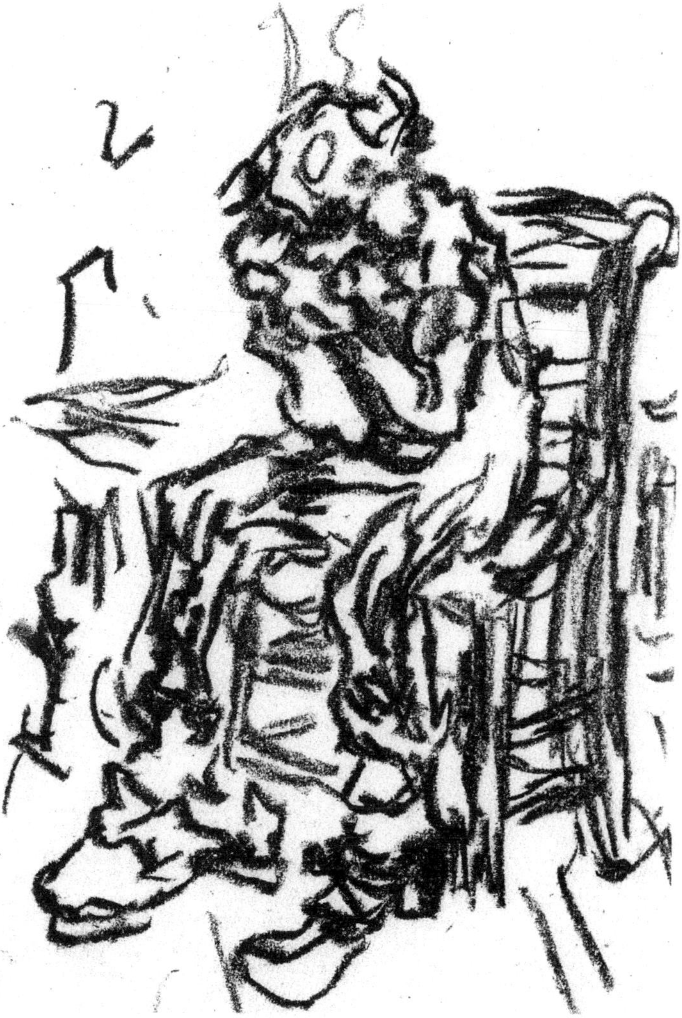

BEATITUDE

a noite incendiou-se
nos poros súbitos da epifania

corpo de raízes
num itinerário de assombros
corcel cego
onde cio derrama-se no âmago sem margem
refletida febre galga
a escultura do delírio

e no semblante da orgia
com destino forasteiro entre
flashes de neon exílio
correntezas
a volúpia da dança extenuante
guarda no estigma das marés
precipício inominado
urdido à finitude da inexistência

enfim
tombando entre raízes de paisagens naufragadas da noite
celebraremos outra vez os meteoros

e findos

nascemos

PEQUENA CRÔNICA: JUVENTUDE
I

Descemos a serra com as luzes da pequena Ubatuba sufocadas pelas montanhas. Eram nostalgias, ondas de rádio e subversões que varavam nosso espírito.

Você se lembra como pequenos universos eram cercados pela floresta?

Havia um forró brega, única diversão da cidade, onde caiçaras se acumulavam e nós nos misturávamos como música, música brega, devo dizer.

Se lembra da menina que você levou para casa? Tinha cabelos de relâmpago, me lembro.

Como era surfar? Eram boas as ondas que vinham do alto da arrebentação até se dissiparem nas margens da areia. Desenhávamo-las.

No século passado, os caras surfavam com madeirite. Viu aquela onda? Se lembra a extensão?

Jogávamos bola. Você ainda acredita no futebol? Os com mais fôlego duravam um dia inteiro. Depois testávamos as aptidões no mar: briga de galo, pirâmide humana, guerra na cachoeira. Concebíamos uma celebração.

Itamambuca me deu os corpos morenos, a rua de terra enraizada em meus pés.

Tinha uma discoteca incrustada na encosta que zombava das águas. As que frequentávamos em São Paulo eram melhores, mas ondas sonoras zuniam no mar, como uma fábula.

Éramos extremos e dissonantes. Tínhamos as manhãs solares, de lá vieram os primeiros poemas, pois as manhãs eram frágeis com seu gesto dourado e suas ondas. Frágeis e esplêndidas. Nelas escrevi meus primeiros versos, ou nas ondas que desenhávamos, solares e dissonantes, como um zunido marítimo, como uma fábula.

II

As ondas abriam longos trilhos espirituais, era assim que sempre as compreendi, uma espécie de dança. Somos artistas de nós mesmos, decifrando braços cósmicos, as ondas. Vi um com as pernas retraídas, descendo a onda como um albatroz, sobre um pranchão antigo. A espuma envolveu-lhe e, de súbito, reergueu-se em sua constelação.

Itamambuca tinha areia dourada cercada por montanhas. Tudo era uma floresta mística, o cosmos se condensara em seu ventre, nessa forma de se diluir no universo.

Quem disse que os deuses querem triste seu Olimpo? Mas nunca uma alegria vulgar, muito humana, e assim era Itamambuca.

No costão esquerdo, as ondas, repentinas, curvavam-se sobre as pedras submersas, relâmpagos azuis. Curvavam-se tão plenas, que era possível se abrigar em seu útero. Eu descia essas paredes como entregando o espírito, para ser, em arte, ideia e pensamento, um explorador de ritmos.

Lemos as ondas com o corpo, na dança, na arte.

As tartarugas vinham respirar ao nosso lado, rainhas marítimas. Os cientistas dizem que descendem dos dinossauros, então também éramos dinossauros. Tinha um pássaro vermelho, todo o corpo vermelho. Para mim, ele era um deus. Intangível a filosofia.

Quando éramos adolescentes, combinávamos de ficar acordados, assistíamos a vídeos de rock, kung fu, bebíamos Coca-Cola. Alguns resistiam, íamos ver o sol nascer, sonhávamos, estávamos no mundo. O mar, montanhas, vento, astros, isso era o mundo, e, com o tempo, aprendi a ser artista nas paredes das ondas, aprimorei essa arte. É uma música inspirada, uma dança aérea, um voo. O homem e seu balé, o espaço estético, a palma do mundo oferecendo seu fluxo, seu movimento. Os maiores artistas foram os melhores leitores na escritura divina das ondas. Mesmo nos tempos modernos, em que se quebra sutilmente a harmonia, a música continua límpida.

Acho que hoje sou um melhor artesão ao falar dos trilhos líricos, ao compor suas cítaras e reverberar na música do cosmos, pelas ondas condicionado, por tantos anos em seus braços. Busco a harmonia com as vagas. Vou esculpir a arte e rastrear o útero deste movimento marítimo. O coração reverbera séculos de humanidade e dor, o apelo da arte e da busca, incessante, pela liberdade. Estamos sempre no mundo e dançamos.

A liberdade é um caminho.

ITAMAMBUCA - AGOSTO
2006

POSFÁCIO
VERSOS E TRAÇOS

As primeiras renas entram em cena, atreladas e fogosas no cartão de Natal. O trenó ausente por um átimo, mas presente na ação, parece anunciar a festa na véspera.

O desenho lembra as pinturas descentralizadas ou de corte de Edgar Degas e Toulouse Lautrec e as xilogravuras japonesas do final do século XIX, ou ainda os enquadramentos fotográficos de Nadar que se relacionava com os pintores.

O cartão de Natal de Felipe (7 anos), dedicado a seus avós, prenunciava a recriação temporal e espacial, ritmo e movimento de sua obra singular e insólita, musicalidade e maravilhamento de sua imaginação.

Desenhar e escrever ou escrever desenhando desde a origem, simultâneos, autônomos, paralelos, convergentes, divergentes, harmônicos, dicotômicos, diferentes e iguais, como a procurar no oculto a abrangência de sua real identidade.

São revelações do observador de todas as idades que não rejeita épocas e lugares diferentes, para trocar e reciclar conhecimento.

É como se a obra indicasse de início duas vertentes que convergem para uma terceira, unidade de todas, mais densa de conteúdos, como parte indefinida porque é preciso a participação e comunhão do leitor para sua completude.

A primeira é a visibilidade rica de figuração simbólica e metafórica da poesia e a segunda, os mistérios do desenho que revela, além do descritível, visível, alguns dos enigmas escondidos no infinito do invisível, do desconhecido e do sagrado.

Serão emergências oraculares dos sonhos, memória, amor, fé, do mar e da utopia imemorial de Felipe?

Megumi Yuasa
Artista plástico

SOBRE O AUTOR

Felipe Stefani é poeta, artista plástico e fotógrafo. Nasceu em São Paulo em 1975. Já fez de tudo, até biologia, mas foi na arte que, desde a infância, encontrou o seu "ofício" no mundo. Também busca construir linhas poéticas efêmeras nas ondulações marítimas, nas ondas. Espírito migrante, está sempre à busca do mar, pelo mundo. Faz parte do grupo "Só Desenho", que tem os desenhos publicados no site www.pbase.com/sodesenho. Ilustrou o livro *Teatro das Horas,* do poeta André Setti, editado pela Edições K, *Sob o Silêncio dos Anjos,* do poeta Alexandre Bonafim (edição do autor), *Rascunhos do Absurdo,* do poeta Jorge Elias (ainda inédito), *O Habitante das Falhas Subterrâneas,* da escritora Ana Paula Maia, publicado em forma de folhetim no site literário *Cronópios.* Publicou o livro *O Corpo Possível* pelo coletivo Dulcineia Catadora. Tem poemas e desenhos publicados no sites:

www.meiotom.art.br
www.revistazunai.com.br
www.jornaldepoesia.jor.br
www.revistamalagueta.com
http://www.diversos-afins.blogspot.com
http://revistacult.uol.com.br/website/
www.verbo21.com.br
www.cronopios.com.br
e www.germinaliteratura.com.br

Escreve também em seu blog: http://cultuar.blogspot.com
E-mail: felipe.stefani@uol.com.br

Impresso em São Paulo, SP, em agosto de 2010,
em papel avena 80 g/m² nas oficinas da Graphium
Composto em Minion, corpo 10 pt.

Não encontrando esta obra nas livrarias,
solicite-a diretamente à editora.

Escrituras Editora e Distribuidora de Livros Ltda.
Rua Maestro Callia, 123
Vila Mariana – São Paulo, SP – 04012-100
Tel.: (11) 5904-4499 – Fax: (11) 5904-4495
escrituras@escrituras.com.br
vendas@escrituras.com.br
imprensa@escrituras.com.br
www.escrituras.com.br